Tractocamiones
en acción

por Anne J. Spaight

BUMBA BOOKS™ en español

EDICIONES LERNER ◆ MINNEAPOLIS

Nota para los educadores:

En todo este libro, usted encontrará preguntas de reflexión crítica. Estas pueden usarse para involucrar a los jóvenes lectores a pensar de forma crítica sobre un tema y a usar el texto y las fotos para ello.

ediciones Lerner
Una división de Lerner Publishing Group, Inc.
241 First Avenue North
Mineápolis, MN 55401, EE. UU.

Si desea averiguar acerca de niveles de lectura y para obtener más información, favor consultar este título en www.lernerbooks.com

Library of Congress Cataloging-in-Publication Data

Names: Spaight, Anne J., 1983– author. | Granat, Annette, translator.
Title: Tractocamiones en acción / por Anne J. Spaight ; la traducción al español fue realizada por Annette Granat.
Other titles: Big rigs on the go. Spanish
Description: Minneapolis : Ediciones Lerner, [2017] | Series: Bumba books en español. Máquinas en acción | In Spanish. | Audience: Ages 4–8. | Audience: K to grade 3. | Includes bibliographical references and index.
Identifiers: LCCN 2016027539 (print) | LCCN 2016029780 (ebook) | ISBN 9781512428773 (lb : alk. paper) | ISBN 9781512429695 (pb : alk. paper) | ISBN 9781512429701 (eb pdf)
Subjects: LCSH: Tractor trailer combinations—Juvenile literature.
Classification: LCC TL230.15 .S6418 2017 (print) | LCC TL230.15 (ebook) | DDC 629.224—dc23

LC record available at https://lccn.loc.gov/2016027539

Fabricado en los Estados Unidos de América
1 – VP – 12/31/16

Tabla de contenido

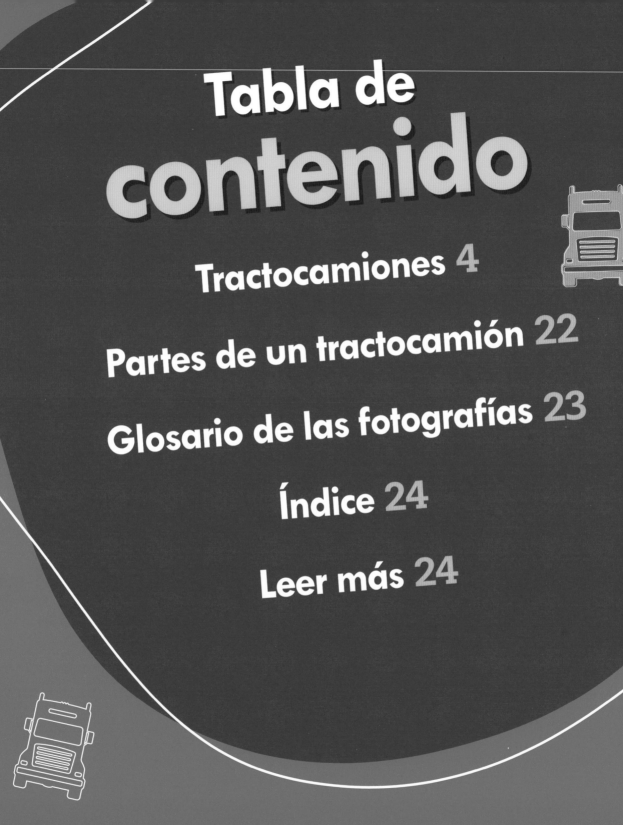

Tractocamiones

Un tractocamión es

un camión grande.

Transporta productos

por todo el país.

A un tractocamión se le llama

un semitractor.

Tiene un tractor y un tráiler.

tractor

tráiler

7

El tractor está adelante.

Tiene el motor.

Tiene la cabina.

El conductor se sienta en la cabina.

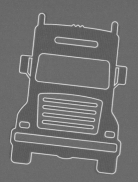

El tráiler está atrás.

Se conecta con el tractor.

El tráiler contiene los productos.

¿Qué tipo de productos puede contener un tráiler?

Un tractocamión tiene

dieciocho llantas.

El tractor tiene diez llantas.

El tráiler tiene ocho llantas.

Un tractocamión es

tan pesado como

siete elefantes.

Es tan largo como

dos buses escolares.

Los conductores necesitan

una licencia especial.

Muchos van a una escuela

de manejo de camiones.

¿Por qué piensas que los conductores van a la escuela de manejo de camiones?

Algunos conductores se quedan

cerca de sus casas.

Otros pasan semanas en

la carretera.

Ellos tienen cabinas más grandes

con camas.

¿Por qué
tienen camas
las cabinas?

Los tractocamiones van

a todas partes.

Ellos reparten la mayoría

de los productos

en Estados Unidos.

Partes de un tractocamión

tractor

cabina

tanque de gasolina

tráiler

llantas

22

Glosario de las fotografías

cabina

la parte de un tractocamión donde se sienta el conductor

productos

cosas que la gente compra en las tiendas

tractor

la parte de adelante de un tractocamión

tráiler

la parte de atrás de un tractocamión

Índice

Leer más

Carr, Aaron. *Semi Trucks.* New York: AV2 by Weigl, 2016.

Ransom, Candice. *Big Rigs on the Move.* Minneapolis: Lerner Publications, 2011.

Silverman, Buffy. *How Do Big Rigs Work?* Minneapolis: Lerner Publications, 2015.

Crédito fotográfico